MySQL

Sommario

MySQL 1

Premessa 4

Capitolo 1: Creare un DB 12

   Regole di confronto e set di caratteri ... 14

   Creazione di tabelle 16

Capitolo 2: Tipi di dati 18

   Numerici 18

   Testuali 20

   Data / Ora e altri tipi 23

Capitolo 3: Trova i dati 27

   Condizioni WHERE 36

Capitolo 4: Inserire i dati 41

   Inserimento con PHP 45

Capitolo 5: Cancellare i dati 48

Capitolo 6: Aggiornare i dati 54

Capitolo 7: Ordinare i risultati 58

Capitolo 8: Jolly 66

    Il carattere % 67

    Il carattere _ 68

    Parola chiave ESCAPE........................70

Capitolo 9: Espressioni regolari 72

Capitolo 10: Funzioni.................................84

    Funzioni aggregate 87

Capitolo 11: Valori NULL 94

Capitolo 12: AUTO_INCREMENT 100

Capitolo 13: Gli indici...............................104

    Aggiungere un indice 108

    Rimuovere un indice 110

Premessa

Il sistema di gestione del database MySQL è popolare per molte ragioni. È veloce ed è facile da configurare, utilizzare e amministrare. Funziona con diversi sistemi come Unix e Windows e i programmi basati su MySQL possono essere scritti in molti linguaggi di programmazione. La popolarità di MySQL solleva la necessità di rispondere alle domande dei suoi utenti su come risolvere problemi specifici ed è questo lo scopo del libro che stai leggendo, focalizzato in ambito Web: essere una utile risorsa per imparare e per soluzioni rapide o tecniche per affrontare particolari tipi di domande che sorgono quando si utilizza MySQL nel Web.

Questo libro contiene semplici istruzioni che puoi seguire invece di sviluppare il tuo codice da zero ed è progettato per essere estremamente pratico nonché per rendere i contenuti facili da leggere e assimilare.

Contiene molte brevi sezioni, ciascuna delle quali descrive come applicare una tecnica o sviluppare uno script per risolvere un problema di portata limitata e specifica. Questo libro non sviluppa applicazioni complesse e complete quindi è perfetto anche per i principianti. Ti assiste nello sviluppo delle tue applicazioni aiutandoti a superare i problemi che ti hanno bloccato, condendo le soluzioni con un po' di teoria.

Ad esempio, una domanda comune è: "Come posso gestire virgolette e caratteri speciali nei valori dei dati quando scrivo le query?" Non è difficile, ma capire come farlo è frustrante quando non sei sicuro da dove iniziare.

Questo libro ti mostra cosa fare; ti mostra da dove iniziare e da lì come procedere. Questa conoscenza ti servirà ripetutamente perché dopo aver studiato la soluzione, sarai in grado di applicare la tecnica a qualsiasi tipo di dati o contesto. Un'altra domanda comune è: "Posso accedere ai dati da più tabelle contemporaneamente via Web?" La risposta è "Sì" ed è facile perché basta conoscere la sintassi corretta di SQL.

Purtroppo, non è sempre chiara la teoria quindi questo libro ti offre diversi esempi utili.

Una parte dell'utilizzo di MySQL consiste nel capire come comunicare con il server, ovvero come utilizzare SQL, il linguaggio in cui vengono formulate le query. Pertanto, uno dei punti principali di questo libro è l'uso di SQL per formulare query in ambito Web che rispondano a particolari tipi di domande.

Uno strumento utile per l'apprendimento e l'utilizzo di SQL è il programma client `mysql` incluso nelle distribuzioni MySQL. È possibile utilizzare il client in modo interattivo per inviare dichiarazioni SQL al server e vedere i risultati. Ciò è estremamente utile per testare le tue query prima di inserirle nel tuo sito Web.

Le informazioni estratte da un database richiedono spesso un'ulteriore elaborazione o presentazione in un modo particolare. Che cosa succede se si hanno query con interrelazioni complesse, come nel caso in cui è necessario utilizzare i risultati di una query come base per altre?

Questi problemi ci portano ad altri aspetti interessanti: come scrivere programmi che interagiscono con il server MySQL attraverso un'API (application programming interface).

Quando sai come usare MySQL dal contesto di un linguaggio di programmazione, ottieni altri modi per sfruttare le capacità di MySQL:

- Puoi salvare i risultati delle query e riutilizzarli in seguito
- Hai pieno accesso alla potenza espressiva di un linguaggio di programmazione. Ciò consente di prendere decisioni in base all'esito (positivo o negativo) di una query o al contenuto delle righe restituite e quindi adattare le azioni intraprese di conseguenza
- È possibile formattare e visualizzare i risultati della query come si preferisce. Se stai scrivendo uno script della riga di comando, puoi generare testo normale, se si tratta di uno script Web, puoi generare una tabella HTML, se si tratta di un'applicazione che estrae

informazioni per il trasferimento a un altro sistema, potresti generare un file di dati espresso in XML.

La combinazione di SQL con un linguaggio di programmazione generico offre un framework estremamente flessibile per la creazione di query e l'elaborazione dei loro risultati.

I linguaggi di programmazione aumentano la tua capacità per creare complesse operazioni con il database ma questo non significa che questo libro sia complesso.

Ho cercato di mantenere i capitoli molto semplici, mostrando come costruire piccoli blocchi utilizzando tecniche facili da capire e facili da padroneggiare. Lascio a te la possibilità di combinare queste tecniche nei tuoi programmi, cosa che puoi fare per produrre applicazioni arbitrariamente complesse.

Come nella musica, ci sono solo 12 note nella scala ma, nelle mani di abili compositori, sono intrecciate per produrre una ricca e infinita varietà di musica. Allo stesso modo, quando prendi una serie di semplici consigli, aggiungi la tua immaginazione e applicali ai problemi di programmazione che vuoi risolvere, in tal modo puoi produrre applicazioni che forse non sono opere d'arte ma sono sicuramente utili e produttive.

Questo libro, quindi, sarà utile per chiunque utilizzi MySQL, da persone che desiderano utilizzare un database per progetti personali come un blog o wiki, a database professionali e sviluppatori web. Ad esempio, sarà utile se desideri conoscere i database ma ti rendi conto che un "grande" sistema di database come Oracle può essere scoraggiante da apprendere.

Se non conosci MySQL, troverai molti modi per usarlo che potrebbero essere nuovi per te.

Se hai più esperienza, probabilmente hai già familiarità con alcuni dei problemi affrontati qui ma potresti non aver dovuto risolverli prima e troveresti il libro un grande risparmio di tempo. Approfitta di questo libro e usalo per i tuoi programmi piuttosto che scrivere il codice da zero, evitiamo di reinventare la ruota piuttosto cerchiamo di migliorarla.

Il materiale varia da introduttivo ad avanzato, quindi se un capitolo descrive tecniche che ti sembrano ovvie o che conosci già, sentiti libro di saltarlo. Viceversa, se non capisci qualcosa, mettila da parte e tornaci più tardi, magari dopo aver letto qualche altro capitolo. Se qualcosa dovesse ancora sfuggirti, prova a rileggere il capitolo o effettua qualche ricerca, troverai una community pronta a risolvere ogni tuo problema.

Capitolo 1: Creare un DB

Dopo aver installato MySQL sul tuo computer dal link https://www.mysql.com/it/downloads/ o, dopo esserti collegato al tuo server MySQL in remoto, sei pronto per creare un database.

Puoi creare un database in due modi:

1) Eseguendo una semplice query SQL
2) Utilizzando MySQL Workbench

In questo capitolo imparerai:

- Creazione del database
- Creazione di tabelle MySQL

Come principiante SQL, esaminiamo prima il metodo classico.

`CREATE DATABASE` è il comando SQL per la creazione di un database. Immagina di dover creare un database con il nome "films". Puoi farlo eseguendo il seguente comando SQL.

```sql
CREATE DATABASE films;
```

Nota: puoi anche usare il comando `CREATE SCHEMA` invece di `CREATE DATABASE`.

Ora miglioriamo la nostra query SQL aggiungendo più parametri e specifiche. Un singolo server MySQL potrebbe avere più database. Se non sei l'unico ad accedere allo stesso server MySQL o se hai a che fare con più database, è probabile che tenterai di creare un nuovo database con il nome di un database esistente. `IF NOT EXISTS` consente di istruire il server MySQL a verificare l'esistenza di un database con un nome simile prima di creare il database.

Quando viene utilizzato `IF NOT EXISTS`, il database viene creato solo se il nome fornito non è in conflitto con il nome di un database esistente, infatti, senza l'uso di `IF NOT EXISTS`, MySQL genera un errore.

```
CREATE DATABASE IF NOT EXISTS films;
```

Regole di confronto e set di caratteri

Le regole di confronto sono un insieme di regole utilizzate in confronto. Molte persone usano MySQL per memorizzare dati che non sono in lingua inglese, perciò, i dati vengono archiviati in MySQL utilizzando un set di caratteri specifico. Il set di caratteri può essere definito a diversi livelli vale a dire, server, database, tabella e colonne.

È necessario selezionare le regole di confronto che a loro volta dipendono dal set di caratteri scelto. Ad esempio, il set di caratteri

`Latin1` utilizza le regole di confronto `latin1_swedish_ci` che è l'ordine svedese senza distinzione tra maiuscole e minuscole.

```sql
CREATE DATABASE IF NOT EXISTS films CHARACTER SET latin1 COLLATE latin1_swedish_ci;
```

Per buona norma, durante l'utilizzo di lingue locali come l'arabo, il cinese ecc. bisogna selezionare il set di caratteri Unicode (utf-8) che ha diverse regole di confronto o semplicemente attenersi alle regole di confronto predefinite `utf8-general-ci`.

Dopo aver creato il tuo database, è possibile visualizzare l'elenco dei database esistenti eseguendo il comando SQL seguente:

```sql
SHOW DATABASES;
```

Creazione di tabelle

Le tabelle possono essere create utilizzando l'istruzione CREATE TABLE che ha la seguente sintassi:

```
CREATE TABLE [IF NOT EXISTS]
`NomeTabella` (`nomeCampo` tipoDiDato
[parametri opzionali]) ENGINE =
storageEngine;
```

In questo caso CREATE TABLE è il responsabile della creazione della tabella nel database. [IF NOT EXISTS] è facoltativo e crea la tabella solo se non viene trovato alcun nome di tabella corrispondente.

nomeCampo è il nome del campo mentre tipoDiDato definisce la natura dei dati da memorizzare nel campo, è possibile aggiungere anche dei [parametri opzionali] ovvero informazioni aggiuntive su un campo come AUTO_INCREMENT, NOT NULL.

Ecco un altro esempio:

```
CREATE  TABLE IF NOT EXISTS
`dipendente`.`Azienda` (
    `matricola` INT  AUTOINCREMENT ,
    `nome_completo` VARCHAR(150) NOT NULL,
    `genere` VARCHAR(6) ,
    `data_nascita` DATE ,
    `indirizzo` VARCHAR(255) ,
    `telefono` VARCHAR(75) ,
    `email` VARCHAR(255) ,
    PRIMARY KEY (`matricola`)
)
ENGINE = InnoDB;
```

Vediamo ora quali sono i tipi di dati di MySQL, puoi usarne uno qualsiasi ma è meglio attenersi alle tue necessità. Dovresti sempre cercare di non sottovalutare o sovrastimare il potenziale intervallo di dati durante la creazione di un database.

Capitolo 2: Tipi di dati

I tipi di dati definiscono la natura dei dati che possono essere archiviati in una particolare colonna di una tabella. MySQL ha 3 categorie principali di tipi di dati, vale a dire:

- Numerici
- Testuali
- Data/Ora

Numerici

I tipi di dati numerici vengono utilizzati per memorizzare valori numerici. È molto importante assicurarsi che l'intervallo dei dati sia compreso tra i limiti inferiore e superiore dei tipi di dati numerici.

Ecco una tabella riassuntiva:

TINYINT	da -128 a 127 da 0 a 255 senza segno
SMALLINT	da -32768 a 32767 da 0 65535 senza segno
MEDIUMINT	da -8388608 a 8388607 da 0 a 16777215 senza segno
INT	da -2147483648 a 2147483647 da 0 a 4294967295 senza segno
BIGINT	da -9223372036854775808 a 9223372036854775807

	da 0 a 18446744073709551615 senza segno
FLOAT	Un piccolo numero approssimativo con un punto decimale
DOUBLE	Un grande numero con un punto decimale
DECIMAL	Un DOUBLE memorizzato come stringa, che consente un punto decimale fisso. Scelto per memorizzare i valori delle valute

Testuali

Come suggerisce il nome della categoria del tipo di dati, questi vengono utilizzati per memorizzare i valori di testo. Assicurati sempre che la lunghezza dei tuoi dati testuali non superi le lunghezze massime.

Ecco una tabella riassuntiva:

CHAR	Una sezione fissa da 0 a 255 caratteri.
VARCHAR	Una sezione variabile da 0 a 255 caratteri.
TINYTEXT	Una stringa con una lunghezza massima di 255 caratteri.
TEXT	Una stringa con una lunghezza massima di 65535 caratteri.
BLOB	Una stringa con una lunghezza massima di 65535 caratteri.
MEDIUMTEXT	Una stringa con una lunghezza massima di 16777215 caratteri.

MEDIUMBLOB	Una stringa con una lunghezza massima di 16777215 caratteri.
LONGTEXT	Una stringa con una lunghezza massima di 4294967295 caratteri.
LONGBLOB	Una stringa con una lunghezza massima di 4294967295 caratteri.

Probabilmente sorge spontanea una domanda: qual è la differenza tra TEXT e BLOB? Ecco la risposta.

BLOB viene utilizzato per memorizzare dati binari mentre Text viene utilizzato per memorizzare stringhe di grandi dimensioni.

I valori BLOB vengono trattati come stringhe binarie (stringhe di byte). Non hanno un set di caratteri e l'ordinamento e il confronto si basano sui valori numerici dei byte nei valori di colonna. I valori TEXT vengono trattati come stringhe non binarie (stringhe di caratteri). Hanno un set di caratteri e i valori vengono ordinati e confrontati in base alle regole di confronto del set di caratteri.

Data / Ora e altri tipi

I tipi disponibili in questa categoria sono:

DATE	YYYY-MM-DD
DATETIME	YYYY-MM-DD HH:MM:SS
TIMESTAMP	YYYYMMDDHHMMSS
TIME	HH:MM:SS

Oltre a quelli già discussi, ci sono altri tipi di dati in MySQL:

ENUM	Per memorizzare il valore di testo scelto da un elenco di valori di testo predefiniti
SET	Serve anche per memorizzare valori di testo scelti da un elenco di valori di testo predefiniti. Può avere più valori.
BOOL	Sinonimo di TINYINT (1), utilizzato per memorizzare valori booleani
BINARY	Simile a CHAR, la differenza è che i testi vengono memorizzati in formato binario
VARBINARY	Simile a VARCHAR, la differenza è che i testi sono memorizzati in formato binario ma hanno lunghezza variabile

Vediamo ora una query SQL di esempio per la creazione di una tabella che contiene dati di tutti i tipi esaminati:

```sql
CREATE TABLE `all_data_types` (
    `varchar` VARCHAR( 20 ) ,
    `tinyint` TINYINT ,
    `text` TEXT ,
    `date` DATE ,
    `smallint` SMALLINT ,
    `mediumint` MEDIUMINT ,
    `int` INT ,
    `bigint` BIGINT ,
    `float` FLOAT( 10, 2 ) ,
    `double` DOUBLE ,
    `decimal` DECIMAL( 10, 2 ) ,
    `datetime` DATETIME ,
    `timestamp` TIMESTAMP ,
    `time` TIME ,
    `year` YEAR ,
    `char` CHAR( 10 ) ,
    `tinyblob` TINYBLOB ,
    `tinytext` TINYTEXT ,
    `blob` BLOB ,
    `mediumblob` MEDIUMBLOB ,
```

```
    `mediumtext` MEDIUMTEXT ,
    `longblob` LONGBLOB ,
    `longtext` LONGTEXT ,
    `enum` ENUM( '1', '2', '3' ) ,
    `set` SET( '1', '2', '3' ) ,
    `bool` BOOL ,
    `binary` BINARY( 20 ) ,
    `varbinary` VARBINARY( 20 )
) ENGINE= MYISAM ;
```

Ecco alcune regole utili:

- Utilizza lettere maiuscole per le parole chiave SQL, ad esempio `DROP SCHEMA IF EXISTS ` `films`;
- Termina tutti i tuoi comandi SQL usando i punti e virgola;
- Evita di utilizzare spazi nei nomi di schemi, tabelle e campi. Utilizza invece i trattini bassi per separare i nomi di schema, tabella o campo.

Capitolo 3: Trova i dati

La parola chiave SELECT viene utilizzata per recuperare i dati dal database MySQL. I database memorizzano i dati per un successivo recupero e lo scopo di MySQL è restituire dalle tabelle del database una o più righe che corrispondono a un determinato criterio. La query SELECT può essere utilizzata in linguaggi di scripting come PHP, Ruby o è possibile eseguirla tramite il prompt dei comandi.

È il comando SQL utilizzato più di frequente e presenta la seguente sintassi:

```
SELECT    [DISTINCT|ALL]    {   *    |
[campoEspressione [AS nuovoNome]} FROM
nomeTabella       [alias]       [WHERE
condizione][GROUP   BY   nomeCampo(s)]
[HAVING condizione] ORDER BY nomeCampo(s)
```

In questo caso:

- `SELECT` è la parola chiave SQL che consente al database di sapere che si desidera recuperare i dati.

- `[DISTINCT | ALL]` sono parole chiave facoltative che possono essere utilizzate per ottimizzare i risultati restituiti dall'istruzione SQL `SELECT`. Se non viene specificato nulla, si presume `ALL` come impostazione predefinita.

- `{* | [campoEspressione [AS nuovoNome]}` deve essere specificata almeno una parte, "`*`" ha selezionato tutti i campi dal nome di tabella specificato, `campoEspressione` esegue alcuni calcoli sui campi specificati come l'aggiunta di numeri o l'unione di due campi stringa in uno.

- `FROM nomeTabella` è obbligatorio e deve contenere almeno una tabella o più tabelle, queste devono essere separate utilizzando virgole o unite utilizzando la parola chiave `JOIN`.

- `WHERE` è una condizione facoltativa, può essere utilizzata per specificare i criteri nel set di risultati restituito dalla query.

- `GROUP BY` viene utilizzato per mettere insieme i record che hanno gli stessi valori di campo.

- La condizione `HAVING` viene utilizzata per specificare i criteri quando si lavora utilizzando la parola chiave `GROUP BY`.

- `ORDER BY` viene utilizzato per specificare l'ordinamento del set di risultati.

Il simbolo * viene utilizzato per selezionare tutte le colonne nella tabella. Un esempio di una semplice istruzione `SELECT` è simile a quella mostrata di seguito:

```
SELECT * FROM film;
```

L'istruzione precedente seleziona tutti i campi dalla tabella dei film. Il punto e virgola non è obbligatorio ma è considerata una buona pratica terminare tutte le istruzioni in questo modo.

id	titolo	regista	anno_uscita	categoria
1	Pirati dei Caraibi 4	Rob Marshall	2011	1
2	A beautiful mind	Ron Howard	2002	2

| 3 | X-Men | NULL | 2008 | NULL |
| 4 | Suicide Squad | David Ayer | 2016 | NULL |

La nostra query precedente ha restituito tutte le righe e le colonne dalla tabella dei film. Diciamo che siamo interessati solo a ottenere solo i campi id e titolo. Il seguente script ci aiuterebbe a raggiungere questo obiettivo:

```
SELECT id, titolo FROM film;
```

L'esecuzione dello script precedente in MySQL Workbench produce i seguenti risultati:

id	titolo
1	Pirati dei Caraibi 4
2	A beautiful mind
3	X-Men
4	Suicide Squad

Diciamo che vogliamo ottenere un elenco di film dal nostro database. Vogliamo avere il titolo del film e il nome del regista in un unico campo. Inoltre, il nome del regista dovrebbe essere tra parentesi e vogliamo anche ottenere l'anno in cui il film è stato rilasciato. Il seguente script ci aiuta a raggiungere questo scopo:

```sql
SELECT CONCAT(`titolo`, ' (', `regista`, ')') , `anno_uscita` FROM `film`;
```

In questo caso la funzione CONCAT() MySQL viene utilizzata per unire i valori delle colonne. La riga CONCAT (`titolo`, '(', `regista`, ')') ottiene il titolo, aggiunge una parentesi di apertura seguita dal nome del regista, quindi aggiunge la parentesi di chiusura. Le parti vengono separate mediante virgole nella funzione CONCAT().

L'esecuzione dello script precedente in MySQL workbench produce il seguente set di risultati:

CONCAT (`titolo`, '(', `regista`, ')')	anno_uscita
Pirati dei Caraibi 4 (Rob Marshall)	2011
A beautiful mind (Ron Howard)	2002
X-Men (NULL)	2008
Suicide Squad (David Ayer)	2016

L'esempio precedente ha restituito il codice per la concatenazione come nome del campo per i nostri risultati. Supponiamo di voler utilizzare un nome di campo più descrittivo nel nostro set di risultati.

Useremmo sostanzialmente un alias della colonna per riferirci ad essa. Di seguito è riportata la sintassi di base per l'alias della colonna:

```
SELECT `nomeColonna|valore|espressione` [AS] `alias`;
```

In questo caso: [AS] è la parola chiave opzionale prima dell'alias che denota come verrà restituita l'espressione, il valore o il nome del campo.

`alias` è il nome che vogliamo restituire nel nostro set di risultati come nome del campo. Un esempio sarà meglio di mille parole:

```
SELECT CONCAT(`titolo`, ' (', `regista`, ')') AS `Film e Autore`, `anno_uscita` FROM `film`;
```

Film e autore	anno_uscita
Pirati dei Caraibi 4 (Rob Marshall)	2011

A beautiful mind (Ron Howard)	2002
X-Men (NULL)	2008
Suicide Squad (David Ayer)	2016

Probabilmente avrai già dato un'occhiata a MySQL Workbench e ti starai chiedendo: perché devo imparare tutto ciò se posso sostituire questi comandi con un semplice click? Ovviamente puoi evitare questa sezione, ma imparare a usare il comando SELECT offre maggiore flessibilità e controllo sulle istruzioni SQL SELECT.

Il workbench MySQL rientra nella categoria degli strumenti QBE "Query by Example". Ha lo scopo di aiutare a generare più rapidamente le istruzioni SQL per aumentare la produttività dell'utente. Tuttavia, l'apprendimento del comando SQL SELECT può consentire di creare query complesse che non possono essere facilmente generate utilizzando strumenti come MySQL Workbench.

Oltre a questa motivazione potresti avere a che fare con altri tipi di base SQL o non avere a disposizione MySQL Workbench quindi in tal caso avresti il rimorso di non aver imparato una sezione semplice e molto utile.

Condizioni WHERE

L'idea di base è molto semplice, puoi aggiungere una condizione WHERE per filtrare i dati. Ad esempio, se volessi la lista di dipendenti con matricola minore di 400, WHERE sarebbe la parola chiave da usare.

```
SELECT * FROM DIPENDENTI WHERE MATRICOLA < 400;
```

Riprendendo la tabella dei film creata poco fa' possiamo restituire la lista dei film con id maggiore di 2, in questo modo:

```
SELECT * FROM films WHERE ID > 2;
```

La lista restituita è la seguente:

id	titolo	regista	anno_uscita	categoria
3	X-Men	NULL	2008	NULL
4	Suicide Squad	David Ayer	2016	NULL

Con le parole chiave AND e OR è possibile aggiungere condizioni alle righe restituite. La prima parola chiave AND aggiunge un ulteriore vincolo quindi le righe restituite rispetteranno entrambe le condizioni descritte, la seconda OR indica che almeno una delle due condizioni sia vera.

Vediamo qualche esempio:

```sql
SELECT * FROM films WHERE id > 2 AND anno_uscita = 2008;
```

id	titolo	regista	anno_uscita	categoria
3	X-Men	NULL	2008	NULL

Allo stesso modo, vediamo come funziona OR:

```sql
SELECT * FROM films WHERE id = 2 OR anno_uscita = 2016;
```

id	titolo	regista	anno_uscita	categoria
2	A beautiful mind	Ron Howard	2002	2
4	Suicide Squad	David Ayer	2016	NULL

La clausola WHERE, se utilizzata insieme alla parola chiave IN, influisce solo sulle righe i cui valori corrispondono all'elenco di valori fornito nella parola chiave IN. Quest'ultima aiuta a ridurre il numero di clausole OR che potresti dover utilizzare. La seguente query fornisce righe in cui l'id è pari 1, 2 o 3.

```
SELECT * FROM film WHERE id IN (1,2,3);
```

Questa query è equivalente a:

```
SELECT * FROM film WHERE id = 1 OR id = 2 OR id = 3;
```

Allo stesso modo è possibile usare NOT IN che si comporta in modo opposto alla parola chiave IN.

Per confrontare i valori è possibile usare diversi simboli, come illustrato nella tabella seguente:

=	Uguale a

<>	Diverso da
<	Minore di
>	Maggiore di
<=	Minore o uguale a
>=	Maggiore o uguale a

Capitolo 4: Inserire i dati

INSERT INTO viene utilizzato per memorizzare i dati nelle tabelle. Il comando INSERT crea una nuova riga nella tabella per memorizzare i dati, che vengono generalmente forniti da programmi applicativi eseguiti sul database. Diamo un'occhiata alla sintassi di base del comando INSERT INTO MySQL:

```
INSERT INTO `nomeTabella`(colonna1,
colonna2,...) VALUES (valore1,
valore2,...);
```

In questo caso le prime due parole chiave indicano al server MySQL di aggiungere una nuova riga in una tabella denominata nomeTabella.

I valori specificati in (colonna_1, colonna 2, ...) specifica le colonne da aggiornare nella nuova riga MySQL mentre `VALUES (valore1, valore2, ...)` specifica i valori da aggiungere nella nuova riga.

Quando si forniscono i valori dei dati da inserire nella nuova tabella, è necessario considerare quanto segue:

- Tipi di dati stringa: tutti i valori delle stringhe devono essere racchiusi tra virgolette singole.
- Tipi di dati numerici: tutti i valori numerici devono essere forniti direttamente senza racchiuderli tra virgolette singole o doppie.
- Tipi di dati della data: racchiudi i valori della data tra virgolette nel formato "YYYY-MM-DD".

Supponiamo di voler aggiungere un nuovo film alla tabella usata in precedenza.

```sql
INSERT INTO `films`
(`id`,`titolo`,`regista`,`anno_uscita`,`categoria`) VALUES (5,'Il
ciclone','Leonardo Pieraccioni', 1996,
3);
```

Il risultato di questo statement consiste nell'inserimento della riga nella tabella, come confermato dal messaggio fornito da MySQL. Tuttavia, la modifica dell'ordine delle colonne non ha alcun effetto sulla query INSERT in MySQL fintanto che i valori corretti sono stati mappati alle colonne corrette. La query mostrata di seguito è equivalente alla precedente:

```sql
INSERT INTO `films`
(`titolo`,`id`,`regista`,`categoria`,`anno_uscita`) VALUES ('Il ciclone',
5,'Leonardo Pieraccioni', 3, 1996);
```

Il risultato di questa query, ovviamente, è equivalente a quello della precedente.

Tutti gli statement precedenti hanno specificato le colonne in cui inserire i dati e le hanno mappate ai valori nell'istruzione di inserimento di MySQL. Se stiamo fornendo valori per tutte le colonne nella tabella, allora possiamo omettere le colonne dalla query di inserimento MySQL. In tal modo è possibile snellire l'istruzione, scrivendo meno e ottenendo lo stesso risultato:

```
INSERT INTO `films` VALUES (5,'Il ciclone','Leonardo Pieraccioni', 1996, 3);
```

Puoi usare l'istruzione SELECT per visualizzare tutte le righe nella tabella dei film:

```
SELECT * FROM `films`;
```

Inserimento con PHP

Probabilmente stai creando un sito Web quindi hai bisogno di usare MySQL in combinazione con PHP. La funzione `mysqli_query` viene utilizzata per eseguire query SQL in PHP.

La funzione può essere utilizzata per eseguire i seguenti tipi di query:

- Inserimenti
- Selezione
- Aggiornamenti
- Eliminazione

La sintassi di questa funzione è la seguente:

```
mysqli_query ($db_handle, $query);
```

Ma vediamo un esempio concreto:

```
<?php
```

```php
$server = "localhost";
$username = "test";
$password = "prova";
$dbname = "ricette";

// Creo la connessione
$conn = mysqli_connect($server, $username, $password, $dbname);

// Controllo la connessione
if (!$conn) {
 die("Connessione fallita: " . mysqli_connect_error());
}

$sql= "INSERT INTO primi(nome_piatto, difficolta) VALUES ('Pasta con il sugo', 1)";
if (mysqli_query($conn, $sql)) {
    echo "Riga aggiunta con successo".'<br>';
} else {
    echo "Si è verificato un errore: " . $sql. "<br>" . mysqli_error($conn);
}
```

?>

Capitolo 5: Cancellare i dati

Il comando MySQL `DELETE` viene utilizzato per eliminare le righe non più necessarie dalle tabelle del database. In questo modo si elimina l'intera riga dalla tabella e restituisce il conteggio delle righe eliminate. Il comando `DELETE` è utile per eliminare dati temporanei o obsoleti dal database.

In MySQL, con questo comando, si può eliminare più di una riga da una tabella in una singola query e questo aspetto si rivela vantaggioso quando si vuole rimuovere un numero elevato di righe da una tabella.

Attenzione! Dopo aver eliminato una riga dalla tabella, non può essere ripristinata. Si consiglia vivamente di eseguire backup del database prima di eliminare qualsiasi dato dal database. Ciò può consentire di ripristinare il database e visualizzare i dati o fare confronti in un secondo momento se necessario.

È consigliato schedulare dei backup del tuo database, ad esempio con dei semplici `cron` puoi indicare al tuo server di eseguire un backup ogni notte all'orario che preferisci e salvarlo in una cartella dedicata.

Per cancellare una riga da una tabella la sintassi è davvero semplice da capire e da ricordare:

```
DELETE FROM `nomeTabella` [WHERE
condizione];
```

La prima parte indica a MySQL il nome della tabella da cui rimuovere i dati mentre la seconda parte, che è opzionale, indica le condizioni che le righe da eliminare devono rispettare.

Facciamo un esempio sulla classica tabella `films`:

```sql
DELETE FROM `films` WHERE id > 3;
```

In questo caso stiamo eliminando tutte le righe della tabella che hanno `id` maggiore di 3. Non sappiamo se la tabella contiene uno, due o dieci elementi, né sappiamo quanti elementi saranno eliminati. A questi problemi si può ovviare con una semplice `SELECT`:

```sql
SELECT * FROM `films`;
```

id	titolo	regista	anno_uscita	categoria
1	Pirati dei Caraibi 4	Rob Marshall	2011	1

2	A beautiful mind	Ron Howard	2002	2
3	X-Men	NULL	2008	NULL
4	Suicide Squad	David Ayer	2016	NULL
5	Il ciclone	Leonardo Pieraccioni	1996	3

Questo è il risultato prima della cancellazione quindi prevediamo che verranno cancellati 2 film da questa tabella ovvero Suicide Squad e Il ciclone. Eseguiamo la DELETE e riseguiamo la SELECT:

id	titolo	regista	anno_uscita	categoria

1	Pirati dei Caraibi 4	Rob Marshall	2011	1
2	A beautiful mind	Ron Howard	2002	2
3	X-Men	NULL	2008	NULL

Adesso la tabella si presenta esattamente come previsto, inoltre, avrai notato che il comando DELETE ti ha restituito il numero di righe eliminate.

Come condizioni della DELETE puoi usare tutte quelle viste per la SELECT ma presta particolare attenzione. Ricorda sempre di specificare delle condizioni altrimenti rischi di cancellare l'intera tabella.

Se hai eseguito un comando simile a questo:

```
DELETE FROM `films`;
```

...la tabella continuerà ad esistere ma avrai perso tutti i suoi dati. In questo caso ti renderai conto dell'importanza di avere dei backup.

Capitolo 6: Aggiornare i dati

Il comando UPDATE di MySQL viene utilizzato per modificare ovvero aggiornare le righe in una tabella. Il comando può essere utilizzato per aggiornare un singolo campo o più campi contemporaneamente e può anche essere utilizzato per aggiornare una tabella MySQL con i valori di un'altra tabella.

La sintassi di base in MySQL è la seguente:

UPDATE `nomeTabella` SET `nomeColonna` = `nuovoValore` [WHERE condizione];

La parola chiave UPDATE è il comando che indica a MySQL di aggiornare i dati in una tabella mentre SET `nomeColonna` = `nuovoValore` fanno riferimento rispettivamente ai nomi e ai valori dei campi che saranno interessati dalla query di aggiornamento.

Nota, quando si impostano i valori di UPDATE, i tipi di dati stringa devono essere racchiusi tra virgolette singole mentre i valori numerici non devono essere racchiusi tra virgolette. Il tipo di dati riferiti a date deve essere racchiuso tra virgolette singole e nel formato 'YYYY-MM-DD'.

La parte finale [WHERE condizione] è opzionale e può essere utilizzata per aggiungere un filtro sul numero di righe interessate dalla query UPDATE. Se non specifichi una condizione di aggiornamento tutte le righe della tabella saranno interessate dalla modifica, esattamente come abbiamo visto per la DELETE.

Vediamo un esempio:

```
SELECT * FROM `films` WHERE id = 1;
```

Il risultato sarà il seguente:

id	titolo	regista	anno_uscita	categoria
1	Pirati dei Caraibi 4	Rob Marshall	2011	1

Modifichiamo la categoria in modo tale che sia pari a 4:

```
UPDATE `films` SET categoria = 4 WHERE id = 1;
```

Rieseguiamo la SELECT e noteremo che la categoria è ora pari a 4:

id	titolo	regista	anno_uscita	categoria

1	Pirati dei Caraibi 4	Rob Marshall	2011	4

In questo caso l'aggiornamento è stato filtrato dalla condizione WHERE quindi tutti gli altri film non hanno subito variazioni.

Se avessimo omesso la condizione da questa query tutti i film avrebbero avuto categoria pari a 4, si tratta dello stesso meccanismo visto per la DELETE.

Capitolo 7: Ordinare i risultati

Utilizzando il comando SELECT, i risultati sono restituiti nello stesso ordine in cui sono stati aggiunti i record al database e questo è l'ordinamento predefinito. In questo capitolo vedremo come ordinare i risultati della nostra query.

L'ordinamento consiste semplicemente nel riorganizzare i risultati della nostra query in un modo specifico. L'ordinamento può essere eseguito su una singola colonna o su più di una colonna e può essere eseguito su colonne contenenti numeri, stringhe o date.

L'istruzione MySQL ORDER BY viene utilizzata insieme alla query SELECT per ordinare i dati in modo ordinato sia in ordine crescente che in ordine decrescente.

Ecco la sintassi:

```
SELECT ... [WHERE condizione | GROUP BY
`nomeCampo` HAVING condizione] ORDER BY
`nomeCampo` [ASC | DESC];
```

In questo caso oltre alla `SELECT` che conosciamo già, abbiamo `[WHERE condizione | GROUP BY `nomeCampo` HAVING condizione]` che una la condizione facoltativa utilizzata per filtrare i set di risultati della query.

`ORDER BY` esegue l'ordinamento del set di risultati della query nel modo specificato da `[ASC | DESC]`. Nota bene che `ASC` viene utilizzato come impostazione predefinita.

Cosa significano `ASC` e `DESC`?

ASC (ascendente)	DESC (discendente)

Viene utilizzato per ordinare i risultati della query in ordine dall'alto verso il basso	Viene utilizzato per ordinare i risultati della query in un ordine dal basso verso l'alto
Quando si lavora con le date, la data più vecchia viene visualizzata in cima all'elenco	Quando si lavora con le date, l'ultima data (la più recente) viene mostrata in cima all'elenco
Quando si lavora con tipi di dati numerici, i valori più bassi vengono visualizzati in cima all'elenco	Quando si lavora con tipi di dati numerici, i valori più alti vengono visualizzati nella parte superiore del set di risultati della query
Quando si lavora con i tipi di dati	Quando si lavora con i tipi di dati

stringa, il set di risultati della query viene ordinato da quelli che iniziano con la lettera A fino alla lettera Z	stringa, il set di risultati della query viene ordinato da quelli che iniziano con la lettera Z fino alla lettera A

Vediamo un esempio sulla tabella `films`:

`SELECT * FROM ` `films` ` ORDER BY ID ASC;`

In tal caso verrà restituito questo elenco:

id	titolo	regista	anno_uscita	categoria
1	Pirati dei Caraibi 4	Rob Marshall	2011	1

2	A beautiful mind	Ron Howard	2002	2
3	X-Men	NULL	2008	NULL
4	Suicide Squad	David Ayer	2016	NULL
5	Il ciclone	Leonardo Pieraccioni	1996	3

Proviamo ad invertire l'ordine:

```
SELECT * FROM `films` ORDER BY ID DESC;
```

Ecco il risultato:

id	titolo	regista	anno_uscita	categoria

5	Il ciclone	Leonardo Pieraccioni	1996	3
4	Suicide Squad	David Ayer	2016	NULL
3	X-Men	NULL	2008	NULL
2	A beautiful mind	Ron Howard	2002	2
1	Pirati dei Caraibi 4	Rob Marshall	2011	1

Probabilmente ti starai chiedendo perché usare DESC e ASC?

Supponiamo di voler stampare una cronologia dei pagamenti per un dipendente per aiutare il nostro commercialista, non sarebbe più logico stampare i pagamenti in ordine cronologico decrescente a partire dal pagamento più recente fino al pagamento meno recente?

DESC in SQL è una parola chiave che diventa utile in tali situazioni. Possiamo scrivere una query che ordina l'elenco in ordine decrescente utilizzando la data di pagamento.

Supponiamo, invece, di gestire il database di un grande magazzino e vogliamo vedere quali sono gli oggetti con meno disponibilità ovvero che stanno per finire. Ci serve questa informazione per poter fare un ordine e rifornire il nostro magazzino.

La parola chiave ASC è utile in tali situazioni; possiamo ottenere l'elenco degli oggetti con la relativa quantità a partire da zero e in ordine crescente. Gli elementi con valore pari a zero saranno quelli non disponibili nel nostro magazzino mentre quelli con quantità pari a 1 sono quelli che stanno per terminare.

Ecco un esempio:

```sql
SELECT * FROM `magazzino` ORDER BY quantita ASC;
```

Capitolo 8: Jolly

I caratteri jolly in MySQL sono caratteri che aiutano a cercare i dati che corrispondono a criteri complessi. I caratteri jolly vengono utilizzati insieme all'operatore di confronto LIKE o all'operatore di confronto NOT LIKE.

Se hai familiarità con l'utilizzo dell'SQL, potresti pensare di poter cercare dati complessi utilizzando la clausola SELECT e WHERE. Allora perché usare i caratteri jolly? Prima di rispondere a questa domanda, diamo un'occhiata a un esempio.

Il carattere %

Supponiamo di aver memorizzato un JSON in un campo del database, questo JSON contiene delle informazioni anagrafiche dell'utente come nome, cognome, data di nascita ecc. in questo modo:

```
{nome: 'Antonio', cognome: 'Rossi',
dataNascita: '10/11/1980'...}
```

Abbiamo una lista di campi come questo e i dati non sono strutturati ovvero non hai una tabella con nome, cognome, dataNascita ecc. In questo caso una classica SELECT non ti aiuterebbe a ritrovare gli elementi ed è per questo che esistono i caratteri jolly.

```
SELECT * FROM utenti WHERE anagrafica
LIKE '%Antonio%';
```

Con una query come questa è possibile ritrovare tutte le righe dove nel campo `anagrafica` è presente la parola `Antonio` seguita o preceduta da altri caratteri.

Avrai intuito che se eliminiamo il carattere jolly % dall'inizio della stringa verranno restituite tutte le righe dove nel campo `anagrafica` è presente la parola `Antonio` seguita da altri caratteri.

Il carattere _

Il carattere jolly di sottolineatura (_) viene utilizzato per abbinare esattamente un carattere. Supponiamo che oggi ricorra la festività di S. Antonio quindi vogliamo cercare tutti gli utenti di nome Antonio o Antonia. In questo caso ci aspettiamo esattamente un carattere che potrebbe avere un valore qualsiasi.

Useremmo il carattere jolly di sottolineatura per ottenere ciò con lo script seguente:

```
SELECT * FROM utenti WHERE anagrafica LIKE '%Antoni_';
```

In questo caso verranno restituiti verosimilmente valori come Antonio o Antonia ma, se volessimo includere anche Antonietta, sapresti già come fare. Ti basterà digitare:

```
SELECT * FROM utenti WHERE anagrafica LIKE '%Anton%';
```

L'operatore logico NOT può essere utilizzato insieme ai caratteri jolly per restituire righe che non corrispondono al modello specificato. Useremmo l'operatore logico NOT insieme al carattere jolly di sottolineatura per ottenere tutti i risultati diversi da Antonio o Antonia come nel seguente script:

```sql
SELECT * FROM utenti WHERE anagrafica NOT LIKE '%Antoni_';
```

Parola chiave ESCAPE

Adesso che sai come ritrovare dei valori nei campi più complessi, assumiamo di avere un JSON che contiene la percentuale degli sconti applicati in magazzino. Vogliamo trovare tutte le righe dove lo sconto è pari al 50%:

```sql
SELECT * FROM magazzimo WHERE scontistica LIKE '%50%';
```

Questa query ti farà sbattere contro uno scoglio perché restituirà tutte le righe nel campo scontistica dove trova 50 seguito da alcuni caratteri. Per ovviare a questo problema dovremmo riformulare la query usando la parola chiave ESCAPE:

```
SELECT * FROM magazzimo WHERE
scontistica LIKE '%50#%%' ESCAPE '#';
```

Fai attenzione al doppio "%%" nella clausola LIKE, il primo "%" viene considerato come parte della stringa da cercare mentre l'altro viene utilizzato per abbinare qualsiasi numero di caratteri che seguono la stringa cercata.

La stessa query funzionerà anche con altri caratteri usati come escape, basta informare MySQL:

```
SELECT * FROM magazzimo WHERE
scontistica LIKE '50=%%' ESCAPE '=';
```

Capitolo 9: Espressioni regolari

Partiamo dalla domanda: cosa sono le espressioni regolari?

Le espressioni regolari aiutano a cercare i dati che corrispondono a criteri complessi. Abbiamo già esaminato i caratteri jolly nel capitolo precedente quindi credi di aver visto di tutto. Se hai già lavorato con i caratteri jolly, potresti chiederti perché imparare le espressioni regolari quando puoi ottenere risultati simili usando i caratteri jolly.

Tutto questo semplicemente perché, rispetto ai caratteri jolly, le espressioni regolari ci consentono di cercare dati che corrispondono a criteri ancora più complessi.

La sintassi di base per un'espressione regolare è la seguente:

```
SELECT ... WHERE nomeCampo REGEXP 'pattern';
```

`REGEXP` è l'operatore di espressione regolare mentre `'pattern'` rappresenta il modello a cui deve corrispondere `REGEXP`. Talvolta è usato anche `RLIKE` che è il sinonimo di `REGEXP` e ottiene gli stessi risultati di `REGEXP`. Per evitare di confonderlo con l'operatore `LIKE`, è preferibile utilizzare invece `REGEXP`.

```
SELECT * FROM utenti WHERE anagrafica REGEXP 'Anton';
```

La query precedente cerca tutte le anagrafiche degli utenti che contengono la parola Anton. Non importa se si trova all'inizio, al centro o alla fine del campo, finché è contenuto nell'anagrafica, verrà considerato.

Supponiamo di voler cercare un utente che inizia con a, b, c o d, seguito da un numero qualsiasi di altri caratteri, come possiamo cercare in modo efficiente? Possiamo usare un'espressione regolare insieme ai metacaratteri per ottenere i risultati desiderati.

```
SELECT * FROM utenti WHERE anagrafica REGEXP '^[abcd]';
```

Diamo ora uno sguardo da vicino alla nostra espressione regolare. Nel pattern `'^[abcd]'` l'accento circonflesso (^) significa che il pattern match deve essere applicato all'inizio e la lista di caratteri `[abcd]` indica che solo gli utenti che iniziano con `a, b, c` o `d` vengono restituiti nel nostro set di risultati.

Modifica lo script proposto sopra usando la parola chiave `NOT` e vedrai che verranno restituiti tutti gli elementi che non iniziano con `a`, `b`, `c` o `d`.

Quello che abbiamo visto nell'esempio sopra è la forma più semplice di un'espressione regolare. Diamo ora un'occhiata alle espressioni regolari più avanzate.

Supponiamo di voler cercare titoli di film dalla nostra tabella che iniziano con il pattern "codice" usando solo un'espressione regolare, come lo faremo? La risposta sono i metacaratteri che ci consentono di mettere a punto i nostri risultati di ricerca di pattern utilizzando espressioni regolari.

Carattere	Descrizione	Esempio
*	Il metacarattere	`SELECT * FROM films WHERE`

	asterisco (*) viene utilizzato per trovare zero (0) o più istanze delle stringhe che lo precedono	`titolo REGEXP 'Il*';` restituirà titoli che contengono i caratteri "Il". Per esempio, "Il codice da Vinci"
+	Il metacarattere più (+) viene utilizzato per trovare una o più istanze di stringhe che lo precedono	`SELECT * FROM films WHERE titolo REGEXP 'mon+';` darà tutti i film contenenti i caratteri "mon". Ad esempio, Angeli e demoni
?	Il metacarattere	`SELECT * FROM categoria WHERE nome`

	punto interrogativo (?) viene utilizzato per trovare zero (0) o una istanza delle stringhe che lo precedono	`REGEXP 'com?';` darà tutte le categorie contenenti "com". Ad esempio, commedia e commedia romantica
.	Il metacarattere punto (.) viene utilizzato per abbinare ogni singolo carattere ad eccezione di una nuova riga	`SELECT * FROM films WHERE anno_uscita REGEXP '201.';` darà tutti i film usciti negli anni che iniziano con i caratteri "201" seguiti da un singolo carattere. Ad esempio,

		2015,2012,2010 ecc.
`[abc]`	La lista di caratteri [abc] viene utilizzata per trovare la corrispondenza con i caratteri racchiusi	`SELECT * FROM films WHERE titolo REGEXP '[vwxyz]';` darà tutti i film contenenti un singolo carattere in "vwxyz". Ad esempio, X-Men, Il Codice Da Vinci, ecc.
`[^abc]`	La lista di caratteri con ^ [^ abc] è usata per abbinare qualsiasi carattere	`SELECT * FROM films WHERE titolo REGEXP '^[^vwxyz]';` darà tutti i film contenenti caratteri diversi

	escluso quelli racchiusi	da quelli in "vwxyz"
[A-Z]	[AZ] viene utilizzata per abbinare qualsiasi lettera maiuscola	`SELECT * FROM utenti WHERE indirizzo REGEXP '[A-Z]';` darà tutti gli utenti che hanno un indirizzo postale contenente qualsiasi carattere dalla A alla Z. Ad esempio, Via Pippo 1
[az]	[az] viene utilizzata per abbinare qualsiasi	`SELECT * FROM utenti WHERE indirizzo REGEXP '[a-z]';` darà tutti

	lettera minuscola	gli utenti che hanno indirizzi postali contenenti qualsiasi carattere dalla a alla z. Ad esempio, Via Pippo 1
[0-9]	[0-9] viene utilizzato per abbinare qualsiasi cifra da 0 a 9	SELECT * FROM utenti WHERE telefono REGEXP '[0-9]' darà tutti gli utenti che hanno telefono contenente i caratteri "[0-9]"
^	L'accento circonflesso (^) viene	SELECT * FROM films WHERE titolo REGEXP '^[cd]';

	utilizzato per avviare la ricerca dall'inizio	fornisce tutti i film con il titolo che iniziano con uno qualsiasi dei caratteri in "cd"
|	La barra verticale (|) viene utilizzata per isolare le alternative	`SELECT * FROM films WHERE titolo REGEXP '^[cd]|^[u]';` fornisce tutti i film con il titolo che iniziano con uno dei caratteri in "cd" o "u"
[[:<:]]	[[:<:]] corrisponde all'inizio delle parole	`SELECT * FROM films WHERE titolo REGEXP '[[:<:]]for';` fornisce tutti i film con titoli

		che iniziano con i caratteri For. Ad esempio: Fortuna
`[[:>:]]`	**`[[:>:]]`** corrisponde alla fine delle parole	`SELECT * FROM films WHERE titolo REGEXP 'ack[[:>:]]';` fornisce tutti i film con titoli che terminano con i caratteri "ack". Ad esempio, Man in Black
`[:class:]`	**`[:class:]`** corrisponde a una classe di caratteri vale a dire `[:alpha:]`	`SELECT * FROM films WHERE titolo REGEXP '[:alpha:]';` fornisce tutti i film con titoli

| | per far corrispondere lettere, [:space:] per lo spazio bianco, [:punct:] per la punteggiatura e [:upper:] per le lettere maiuscole | contenenti solo lettere. Ad esempio, Fortuna, Il ciclone, Suicide Squad ecc. Film come Pirati dei Caraibi 4 saranno omessi da questa query |

La barra rovesciata (\) viene utilizzata come carattere di escape. Se vogliamo usarlo come parte del pattern in un'espressione regolare, dovremmo usare i doppi backslash (\\).

Capitolo 10: Funzioni

MySQL può fare molto di più che archiviare e recuperare i dati, infatti, possiamo anche eseguire manipolazioni sui dati prima di recuperarli o salvarli. È qui che entrano in gioco le funzioni MySQL.

Le funzioni sono semplicemente pezzi di codice che eseguono alcune operazioni e poi restituiscono un risultato. Alcune funzioni accettano parametri mentre altre funzioni non accettano parametri. Vediamo brevemente un esempio della funzione MySQL.

Per impostazione predefinita, MySQL salva le date nel formato "YYYY-MM-DD". Supponiamo di aver creato un'applicazione e che i nostri utenti desiderino che la data venga restituita nel formato "GG-MM-AAAA", possiamo utilizzare la funzione DATE_FORMAT incorporata di MySQL per ottenere questa conversione.

`DATE_FORMAT` è una delle funzioni più utilizzate in MySQL e sulla base dell'esempio fornito, le persone con esperienza in ambito di programmazione potrebbero pensare: "Perché preoccuparsi delle funzioni MySQL? Lo stesso effetto può essere ottenuto con il linguaggio di scripting / programmazione?".

È vero che possiamo ottenerlo scrivendo alcune procedure o funzioni nel programma applicativo ma tornando al nostro esempio dell'introduzione, affinché i nostri utenti ottengano i dati nel formato desiderato, l'elaborazione necessaria dovrà essere eseguita dal livello di business e questo diventa un problema quando l'applicazione deve integrarsi con altri sistemi.

Quando usiamo le funzioni di MySQL come `DATE_FORMAT`, possiamo avere quella funzionalità incorporata nel database e qualsiasi applicazione che necessita dei dati, li ottiene nel formato richiesto. Ciò riduce la rielaborazione nella business logic e riduce le incoerenze dei dati.

Un altro motivo per cui dovremmo considerare l'utilizzo delle funzioni MySQL è il fatto che può aiutare a ridurre il traffico di rete nelle applicazioni client / server. Il business layer dovrà solo effettuare chiamate alle funzioni senza la necessità di manipolare i dati.

In media, l'uso delle funzioni può aiutare a migliorare notevolmente le prestazioni complessive del sistema e MySQL viene fornito, per fortuna, con una serie di funzioni integrate. Le funzioni integrate sono semplicemente funzioni già implementate nel server MySQL.

Queste funzioni ci consentono di eseguire diversi tipi di manipolazioni sui dati e possono essere classificate fondamentalmente nelle seguenti categorie più utilizzate.

- Funzioni per le stringhe - operano su tipi di dati stringa;
- Funzioni numeriche - operano su dati numerici;
- Funzioni per le date - operano su date;
- Funzioni aggregate - operano su tutti i tipi di dati sopra e producono set di risultati riepilogativi;
- Altre funzioni - MySQL supporta anche altri tipi di funzioni incorporate ma più avanzate.

Funzioni aggregate

Le funzioni aggregate riguardano l'esecuzione di calcoli su più righe di una singola colonna di una tabella e restituiscono un singolo valore. Lo standard ISO definisce cinque funzioni aggregate e cioè:

1) COUNT
2) SUM
3) AVG
4) MIN
5) MAX

Perché utilizzare le funzioni aggregate? Le funzioni aggregate ci consentono di produrre facilmente dati riepilogativi dal nostro database. Ad esempio, dal nostro database `films`, potrebbero essere necessari i seguenti report:

- Numero di film nella tabella
- Numero di film nella tabella e usciti nel 2002

- Elenco delle categorie presenti nella tabella senza ripetizioni

Possiamo produrre questi report facilmente ed utilizzando le funzioni aggregate che andiamo ad esaminare.

La funzione COUNT restituisce il numero totale di valori nel campo specificato. Funziona su tipi di dati, sia numerici che non numerici. Tutte le funzioni aggregate escludono per impostazione predefinita i valori NULL prima di lavorare sui dati.

COUNT(*) è un'implementazione speciale della funzione COUNT che restituisce il conteggio di tutte le righe in una tabella specificata. COUNT(*) considera anche NULL e duplicati.

Per scoprire quanti film ci sono nella tabella possiamo usare questa query:

```
SELECT COUNT(*) FROM films;
```

In questo caso abbiamo già risposto alla prima domanda dell'elenco perché il risultato di questa query sarà esattamente quello che cerchiamo.

Per il secondo report è sufficiente inserire la clausola `WHERE` alla `SELECT`:

```sql
SELECT COUNT(*) FROM films WHERE anno_uscita = 2002;
```

In questo modo verrà restituito il numero di elementi con `anno_uscita` pari a 2002.

L'ultimo report è un po' più complesso, infatti, con la seguente SELECT avremmo l'elenco di tutte le categorie nella tabella:

```sql
SELECT categoria FROM films;
```

Supponendo di avere una tabella con 5 categorie e 200 righe, verrebbero restituite 200 righe in totale.

Per evitare le ripetizioni nella colonna categoria, è sufficiente usare la parola chiave `DISTINCT` come segue:

`SELECT DISTINCT(categoria) FROM films;`

In tal modo verranno restituite tutte le categorie ma senza ripetizioni.

Supponiamo di voler sapere quando è uscito il film più vecchio nel nostro archivio e quando il più nuovo. Come possiamo procedere? Esistono delle funzioni che possono tornare utili? La risposta è affermativa e potremo usare `MIN` e `MAX` per recuperare rispettivamente il film più vecchio e quello più recente.

`SELECT MIN(anno_uscita) FROM films;`

```sql
SELECT MAX(anno_uscita) FROM films;
```

Queste query restituiranno rispettivamente 1996 e 2016 che corrispondono nella nostra tabella all'anno di uscita del film "Il ciclone" e all'anno di uscita del film "Suicide Squad".

Allo stesso modo puoi sommare e fare la media di una colonna di valori nella tua tabella. Prendiamo in esame la seguente tabella che riporta lo stipendio mensile di un impiegato:

mese_riferimento	stipendio
settembre	1312
ottobre	1350
novembre	1495
dicembre	2400

In questo caso vogliamo la somma totale e la media, per semplicità abbiamo inserito lo stipendio come valore intero.

```sql
SELECT SUM(stipendio) FROM busta_paga;
SELECT AVG(stipendio) FROM busta_paga;
```

Capitolo 11: Valori NULL

In MySQL `NULL` è sia un valore che una parola chiave. Diamo prima un'occhiata al valore `NULL`. In termini semplici, `NULL` è semplicemente un segnaposto per dati che non esistono. Quando si eseguono operazioni di inserimento sulle tabelle, ci saranno momenti in cui alcuni valori non saranno disponibili, pertanto, useremo `NULL` come valore.

Per soddisfare i requisiti dei veri sistemi di gestione di database relazionali, MySQL utilizza `NULL` come segnaposto per i valori che non sono stati inviati.

`NULL` non è un tipo di dati e questo significa che non è riconosciuto come `INT`, `DATE` o qualsiasi altro tipo di dati definito.

Le operazioni aritmetiche che coinvolgono NULL restituiscono sempre NULL, ad esempio 69 + NULL = NULL.

Tutte le funzioni aggregate interessano solo le righe che non hanno valori NULL, come abbiamo visto nel caso della COUNT.

L'operatore logico NOT viene utilizzato per verificare le condizioni booleane (vero o falso) e restituisce true (vero) se la condizione è falsa. L'operatore NOT restituisce false (falso) se la condizione testata è vera. Ma quando usare questo operatore? Ci saranno casi in cui dovremo eseguire calcoli su un set di risultati di query e restituire i valori.

L'esecuzione di operazioni aritmetiche su colonne che hanno il valore NULL restituisce risultati NULL quindi al fine di evitare che si verifichino tali situazioni, possiamo impiegare l'uso della clausola NOT NULL per limitare i risultati su cui operano i nostri dati.

Supponiamo di voler creare una tabella con determinati campi che dovrebbero sempre essere forniti con valori quando si inseriscono nuove righe in una tabella. Possiamo usare la clausola NOT NULL su un dato campo durante la creazione della tabella.

```
CREATE TABLE impiegato(
    matricola int NOT NULL,
    nome_completo varchar(255) ,
    sesso varchar(6),
    telefono int
);
```

L'esempio mostrato di seguito crea una nuova tabella che contiene i dati del dipendente. La matricola del dipendente deve essere sempre fornita perché diamo per scontato che ogni dipendente abbia un identificativo univoco e non nullo.

Se provassi ad inserire una riga in questa tabella senza fornire la matricola, il sistema genererebbe un errore e la riga non verrebbe inserita.

NULL può anche essere utilizzato come parola chiave quando si eseguono operazioni booleane su valori che includono NULL. La parola chiave "IS / NOT" viene utilizzata insieme alla parola NULL per tali scopi. La sintassi di base quando si utilizza NULL come parola chiave è la seguente

```
nomeColonna IS NULL
nomeColonna IS NOT NULL
```

IS NULL è la parola chiave che esegue il confronto booleano e restituisce true se il valore fornito è NULL e false se il valore fornito non è NULL. NOT NULL è la parola chiave che esegue il confronto booleano e restituisce i valori invertiti.

Vediamo ora un esempio pratico che utilizza la parola chiave NOT NULL per eliminare tutti i valori di colonna che hanno valori NULL.

```
SELECT * FROM impiegato WHERE telefono IS NOT NULL;
```

Continuando con l'esempio precedente, supponiamo di aver bisogno dei dettagli dei dipendenti il cui numero di telefono non è nullo. Nella query appena eseguita viene effettuato un confronto con la logica a tre valori: l'esecuzione di operazioni booleane su condizioni che coinvolgono NULL può restituire Unknown, True o False.

Ad esempio, l'utilizzo della parola chiave IS NULL quando si eseguono operazioni di confronto che coinvolgono `NULL` può restituire `True` o `False`. L'utilizzo di altri operatori di confronto restituisce `Unknown` (cioè un valore sconosciuto).

Capitolo 12:
AUTO_INCREMENT

L'incremento automatico è una funzione che opera su tipi di dati numerici e genera automaticamente valori numerici sequenziali ogni volta che un record viene inserito in una tabella per un campo definito come `AUTO_INCREMENT`.

Sappiamo che i dati devono essere archiviati con ridondanza minima, archiviando i dati in molte piccole tabelle, correlate tra loro utilizzando dei collegamenti tra loro detti chiavi primarie o chiavi esterne. Una chiave primaria deve essere univoca poiché identifica in modo univoco una riga in un database.

Ma come possiamo garantire che la chiave primaria sia sempre unica? Una delle possibili soluzioni sarebbe quella di utilizzare una formula per generare la chiave primaria, che verifica l'esistenza della chiave nella tabella, prima di aggiungere i dati. Questo può funzionare bene ma come puoi vedere l'approccio è complesso e non infallibile.

Per evitare tale complessità e per garantire che la chiave primaria sia sempre univoca, possiamo utilizzare la funzionalità di incremento automatico di MySQL per generare le chiavi primarie. L'incremento automatico viene utilizzato con il tipo di dati INT. Il tipo di dati INT supporta valori sia con segno che senza segno e, come abbiamo già visto nei primi capitoli, i tipi di dati senza segno possono contenere solo numeri positivi.

Come buona norma, si consiglia di definire il vincolo senza segno sulla chiave primaria di incremento automatico. Vediamo lo script utilizzato per creare la matricola dei dipendenti:

```sql
CREATE TABLE `impiegato` (
  `matricola` int(11) AUTO_INCREMENT,
  `nome` varchar(150) NOT NULL,
  `cognome` varchar(500) NOT NULL,
  PRIMARY KEY (`matricola`)
);
```

Nota bene la parola chiave AUTO_INCREMENT nel campo matricola. Questo fa sì che la matricola dell'impiegato venga generata automaticamente ogni volta che una nuova riga viene inserita nella tabella. Questo dato non viene fornito quando si inseriscono dati nella tabella, lasciandolo generare direttamente a MySQL. Per impostazione predefinita, il valore iniziale per AUTO_INCREMENT è pari a 1 e aumenterà di 1 unità per ogni nuovo record inserito.

Vediamo come inserire i dati in questa tabella:

```sql
INSERT INTO `impiegato` (`nome`,
`cognome`) VALUES ('Antonio', 'Rossi');
```

Tieni presente che non abbiamo fornito la matricola del dipendente. MySQL l'ha generata automaticamente per noi perché è definito come incremento automatico. Se vuoi ottenere l'ultima matricola che è stata generata da MySQL, puoi usare la funzione LAST_INSERT_ID. Lo script mostrato di seguito restituirà l'ultima matricola che è stata generata:

```sql
SELECT LAST_INSERT_ID();
```

L'esecuzione dello script precedente fornisce l'ultimo numero di incremento automatico generato dalla query.

Capitolo 13: Gli indici

Gli indici in MySQL ordinano i dati in modo sequenziale organizzato. Vengono creati sulle colonne che verranno utilizzate per filtrare i dati. Pensa a un indice come ad un elenco in ordine alfabetico, è più facile cercare i nomi che sono stati ordinati in ordine alfabetico rispetto a quelli che non lo sono.

L'utilizzo di un indice su tabelle che vengono aggiornate di frequente può causare prestazioni scadenti. Questo perché MySQL crea un nuovo blocco indice ogni volta che i dati vengono aggiunti o aggiornati nella tabella. In genere, gli indici dovrebbero essere utilizzati su tabelle i cui dati non cambiano frequentemente ma vengono utilizzate molto nelle query di ricerca.

A nessuno piacciono i sistemi lenti. Le elevate prestazioni del sistema sono di primaria importanza in quasi tutti i sistemi di database. La maggior parte delle aziende investe molto nell'hardware in modo che il recupero e la manipolazione dei dati possano essere più rapidi ma c'è un limite agli investimenti hardware che un'azienda può fare. L'ottimizzazione del database è una soluzione economica e di gran lunga migliore.

La lentezza nel tempo di risposta è solitamente dovuta al fatto che i record vengono memorizzati in modo casuale nelle tabelle del database. Le query di ricerca devono scorrere tutti i record memorizzati in modo casuale uno dopo l'altro per individuare i dati desiderati. Ciò si traduce in database con prestazioni scadenti quando si tratta di recuperare dati da tabelle di grandi dimensioni.

Pertanto, vengono utilizzati gli indici che ordinano i dati per semplificare la ricerca.

Gli indici possono essere definiti in 2 modi:

- Al momento della creazione del tavolo
- Dopo che la tabella è stata creata

Esempio:

Per il nostro database degli impiegati ci aspettiamo molte ricerche con un nome completo ovvero nome e cognome del dipendente. Aggiungeremo la colonna "nome_completo" all'indice in una nuova tabella "dipendenti_indice".

Lo script mostrato di seguito ci aiuta a raggiungere questo obiettivo:

```
CREATE TABLE `dipendenti_indice` (
  `matricola` int(11) NOT NULL AUTO_INCREMENT,
  `nome_completo` varchar(150) NOT NULL,
  `sesso` varchar(6) DEFAULT NULL,
```

```
  `data_nascita` date DEFAULT NULL,
  `indirizzo` varchar(255) DEFAULT NULL,
  `cap` varchar(255) DEFAULT NULL,
  `telefono` varchar(75) DEFAULT NULL,
  `email` varchar(255) DEFAULT NULL,
  PRIMARY KEY (`matricola`),
INDEX(nome_completo)
) ENGINE=InnoDB;
```

Man mano che la base dei dipendenti si espande e il numero di record aumenta, le query di ricerca sulla tabella `dipendenti_indice` che utilizzano le clausole `WHERE` e `ORDER BY` saranno molto più veloci rispetto a quelle eseguite nella tabella dei dipendenti senza aver definito l'indice.

Aggiungere un indice

L'esempio precedente ha creato l'indice durante la definizione della tabella del database. Supponiamo di avere già una tabella definita e ci accorgiamo che le query di ricerca su di essa sono molto lente. Impiegano troppo tempo per restituire i risultati.

Dopo aver esaminato il problema, scopriamo che possiamo migliorare notevolmente le prestazioni del sistema creando un indice sulla colonna più comunemente utilizzata nella clausola WHERE. Possiamo usare la seguente query per aggiungere un indice:

```
CREATE INDEX cognome_index ON
impiegato(cognome);
```

Ciò significa che tutte le query di ricerca nella tabella degli impiegati che utilizzano il cognome saranno più veloci. Le query di ricerca su altri campi nella tabella dei film saranno tuttavia ancora più lente rispetto a quelle basate sul campo indicizzato. Nota: è possibile creare indici su più colonne, se necessario, a seconda dei campi che si intende utilizzare per il motore di ricerca del database.

Se desideri visualizzare gli indici definiti su una particolare tabella, puoi utilizzare il seguente script:

```
SHOW INDEXES FROM impiegato;
```

Nota bene: le chiavi primarie e le chiavi esterne sulla tabella sono già indicizzate da MySQL. Ogni indice ha il proprio nome univoco e viene mostrata anche la colonna in cui è definito.

Rimuovere un indice

Il comando `DROP INDEX` viene utilizzato per rimuovere gli indici già definiti su una tabella.

Ci possono essere momenti in cui hai già definito un indice su una tabella che viene aggiornato frequentemente. Potrebbe essere necessario rimuovere gli indici su tale tabella per migliorare le prestazioni delle query `UPDATE` e `INSERT`. La sintassi di base utilizzata per rimuovere un indice su una tabella è la seguente:

```
DROP INDEX `cognome_index` ON `impiegato`;
```

www.ingramcontent.com/pod-product-compliance
Lightning Source LLC
Chambersburg PA
CBHW070419220526
45466CB00004B/1472